AF329307

MANUEL
DE L'ÉLECTEUR
EN FONCTIONS.

§ Iᵉʳ. *Arrivée des électeurs au chef-lieu électoral.*

Arrivée.—Les élections prochaines auront lieu le 23 juin; il importe en conséquence que les électeurs soient tous réunis au chef-lieu électoral le mardi 22 au plus tard.

Moyens de transport. — Peut-être tous les électeurs ne comprennent-ils pas l'importance de leur mission et des conséquences qui vont résulter du bon ou du mauvais choix des députés.

Peut-être quelques-uns ne savent-ils pas le lieu, le jour et l'heure des opérations du collège.

Peut être enfin nos adversaires feront-ils en sorte que les électeurs constitutionnels ne puissent trouver de place, ni dans les voitures publiques pour se rendre à la ville où ils doivent voter, ni dans les auberges de la même ville, où il leur faudra cependant séjourner.

D'ailleurs, il n'y a pas partout des voitures publiques et beaucoup d'électeurs n'auront pas personnellement des moyens de transport.

Il est donc à désirer que, dans chaque canton, on organise un comité nombreux, composé de tous les patriotes qui, électeurs ou non, voudront aider au triomphe d'une cause qui est celle du pays. Chacun de ces zélés citoyens pourrait se charger de procurer aux électeurs d'une ou de plusieurs communes tous les moyens propres à leur faciliter l'accomplissement d'un acte qui peut être environné de mille entraves.

Si ces moyens nécessitent des avances, que des souscriptions s'ouvrent, et les citoyens qui ne sont pas électeurs rivaliseront avec les électeurs de zèle et de patriotisme pour les remplir.

Passe-ports. — Si, en se rendant de son domicile au chef-lieu électoral, un électeur trouvait sur sa route des gendarmes qui lui demandassent son passe-port, il les sommerait de le conduire devant le maire de la commune où l'on se trouverait, et, en l'absence de celui-ci, devant son adjoint ou devant un membre du Conseil municipal, se ferait reconnaître par lui en exhibant sa carte électorale ou tout autre papier qui pourrait prouver son individualité, ou en invoquant le témoignage d'un citoyen domicilié dans la commune (Loi du 28 mars 1792, art. 9; ord. du 29 oct. 1820, art. 179).

§ II. *Des Opérations préparatoires.*

Il serait inutile de rappeler de quelle importance il est que les électeurs soient bien d'accord sur le citoyen qu'ils veulent honorer de leurs suffrages : la moindre dissidence pourrait assurer le triomphe du candidat ministériel.

Réunion préparatoire. — Pour bien connaître le vœu de la majorité des électeurs constitutionnels, il est indispensable qu'ils se réunissent la veille de l'ouverture du collège, assez tard pour que ceux d'entre eux qui viennent de lieux éloignés puissent y assister, et que la séance soit la plus nombreuse possible.

Si, à cette réunion, il s'élevait quelque doute sur l'opinion du candidat proposé, il se ferait probablement un devoir de donner tous les éclaircissemens demandés. Dans le cas où il ne serait pas présent, ses amis devraient éclairer la conscience des électeurs sur ses opinions.

Nous rappelons ici le principe, généralement adopté maintenant, d'exiger des candidats l'engagement formel de se soumettre aux chances de la réélection, en cas d'acceptation de dignités, honneurs, décorations, places, fonctions du gouvernement, etc.

Éligibilité légale. — Il ne faut pas oublier que les choix ne doivent s'arrêter que sur des citoyens âgés de quarante ans accomplis au jour de l'élection, payant mille francs de contributions directes, propres ou déléguées par leurs mères, aïeules ou belles-mères (art. 38 de la Charte; 5 de la loi du 29 juin 1820).

Si cependant il ne se trouvait pas, dans le département, 50 personnes de l'âge indiqué, payant au moins 1,000 francs de contributions directes, leur nombre serait complété par les plus imposés au-dessous de 1,000 francs, et ceux-ci pourraient être élus concurremment avec les premiers (art. 39 de la Charte.)

Les préfets et les officiers généraux, commandant les divisions militaires et les départemens, ne peuvent être élus députés dans les départemens où ils exercent leurs fonctions (art. 17 de la loi du 5 février 1817); les sous-préfets ne peuvent pas non plus être nommés députés par les collèges électoraux, qui comprennent la totalité ou une partie des électeurs de l'arrondissement de leur sous-préfecture (art 8 de la loi du 29 juin 1820).

Après s'être mis à même de bien connaître les citoyens qui sont sur les rangs pour obtenir le mandat du pays, on pourrait procéder entre eux à un scrutin préparatoire, et convenir à l'avance que celui qui obtiendrait le plus grand nombre de voix deviendrait le candidat définitif.

Dans cette réunion devront être également choisis les membres des bureaux définitifs. Il importe que ce choix tombe sur des hommes qui, par leur fermeté, puissent lutter contre la volonté souvent arbitraire du président, et qui, par leur intégrité, prononcent en conscience sur les différends qu'ils auront à juger.

§ III. *Des Cartes électorales.*

Envoi des cartes. — Les préfets, aux termes de l'article 7 de l'ordonnance du 4 septembre 1820, doivent adresser aux maires les cartes destinées aux électeurs de leurs communes pour leur procurer l'entrée du collège; elles portent le jour et le lieu de la réunion, et doivent être remises au domicile des électeurs (1).

(1) « Des cartes individuelles seront, à la diligence des préfets et des maires, adressées, avant l'ouverture, au domicile de chaque électeur; elles porteront le jour et le lieu de la réunion. »

Cas où les cartes ne seraient pas remises. — Si, malgré cette disposition de l'ordonnance, le préfet ou les maires avaient manqué à cette obligation, les électeurs devraient se rendre immédiatement à la préfecture ou à la sous-préfecture, suivant que le collège se tiendrait dans un chef-lieu de département ou d'arrondissement, pour obtenir leurs cartes.

Si des difficultés leur étaient faites sous le prétexte que les cartes ont été adressées aux maires, et que c'est auprès d'eux qu'il faudrait les réclamer, ou sous tout autre motif, les électeurs devraient faire sommation par huissier au préfet ou au sous-préfet de leur délivrer une nouvelle carte.

Dans le cas où l'électeur ne serait pas à même de résoudre la difficulté qu'on lui opposerait pour lui refuser sa carte, il pourrait s'adresser à un membre du barreau connu par son zèle et son patriotisme, pour demander conseil.

Comme ce n'est pas la carte délivrée à l'électeur, mais son inscription sur la liste définitive qui lui donne le droit de voter, si un citoyen inscrit n'avait pas reçu, ou avait perdu sa carte, on ne pourrait lui refuser l'entrée du collège, et le bureau devrait l'admettre à voter, son identité étant d'ailleurs bien constatée (1). Si on lui refusait, soit l'entrée, soit le vote, il devrait se représenter assisté de deux électeurs qui attesteraient son identité, et d'un huissier qui sommerait le président de remplir son devoir, ou protesterait contre l'obstacle a porté à l'exercice du droit électoral (2).

Dans le cas où un arrêt de Cour royale aurait ordonné l'inscription d'un électeur sur la liste, et où le préfet, ne faisant pas droit à la réquisition qui lui en serait faite par cet électeur, ne l'inscrirait pas sur la liste, et ne lui ferait pas remettre sa carte, l'électeur pourra faire signifier l'arrêt qu'il aura obtenu au président du collège et se faire réclamer par d'autres électeurs qui, s'ils ne peuvent obtenir l'admission, doivent demander l'insertion de cet incident au procès-verbal; l'action en dommages-intérêts, ou la dénonciation contre le préfet personnellement, peuvent aussi être employées.

(1) M. Favard de Langlade, *Législation électorale*, p. 274.
(2) Cet abus fut prévu lors de la discussion de la loi du 2 mai 1827 : un pair proposa un article portant que l'entrée du collège ne pourrait être refusée à un électeur sous prétexte qu'il ne présenterait pas sa carte; mais cet article, repoussé par le commissaire du roi comme inutile, fut rejeté, le droit de l'électeur n'étant pas subordonné à la présentation de sa carte (voyez *le Moniteur*).

Si un électeur inscrit sur les listes affichées n'était pas cependant porté sur celle qui a été remise au président et n'avait pas reçu sa carte, il ne devrait pas moins se présenter, accompagné du plus grand nombre possible de ses co-électeurs, et réclamer le droit de voter en vertu de la liste affichée. Si ce droit lui était refusé, on devrait, après avoir insisté, provoquer des protestations sur le procès-verbal.

Pour faciliter l'exécution des précédentes dispositions, il importe qu'un certain nombre d'électeurs se tiennent constamment à la porte du collège pour, au besoin, assister les électeurs qui ne seraient pas pourvus de leurs cartes, et auxquels l'entrée du collège serait refusée.

§ IV. *Du Président.*

Les présidens des collèges électoraux sont nommés par le Roi et de droit membres du collège. Bien entendu, toutefois, qu'ils ne peuvent voter que s'ils ont la capacité électorale par l'âge et par le cens (art. 40 et 41 de la Charte.)

Dans les collèges électoraux qui se divisent en sections, le président est attaché à la première section du collège. A chacune des autres sections est attaché un vice-président également nommé par le roi (Loi du 5 février 1817, art 10). Les ordonnances de nomination des présidens et vice-présidens sont publiées par la voie ordinaire du Bulletin des lois. En cas d'empêchement absolu (soit avant l'ouverture, soit pendant les opérations) d'un président ou vice-président, le préfet nomme un des électeurs pour le remplacer (Ord. du 11 octobre 1820, art. 4).

Police. — La police du collège ou de la section appartient au président ou vice-président. Nulle force armée ne peut, sauf leur demande, être placée auprès du lieu des séances. Les commandans militaires sont tenus d'obtempérer à leur réquisition (Ordonn. 11 octobre 1820, et loi du 5 février 1817, art. 11).

Aucun individu, s'il n'est électeur, ne peut s'introduire dans le collège électoral, de quelque autorité qu'il puisse d'ailleurs être revêtu.

La session des collèges est de dix jours au plus ; ils ne peuvent s'occuper d'autres objets que de l'élection des députés.

Toute discussion , toute délibération leur sont interdites (1) (Loi 5 février 1817 , art. 10 et 8).

S'il s'élève des discussions dans le sein d'un collège ou d'une section , le président ou vice-président rappelle aux électeurs les termes de la loi. Si, malgré cette observation, la discussion continue , et si le président n'a pas d'autre moyen de la faire cesser , il prononce la levée de la séance , et l'ajournement au lendemain, au plus tard ; les électeurs sont obligés de se séparer à l'instant (Ord. 11 octobre 1820, art. 10).

Dans les débats qui pourront avoir lieu entre les électeurs et les présidens, il faudra éviter des mouvemens tumultueux qui fourniraient un prétexte pour suspendre la séance, prolonger la durée de la session , ou même rendre l'élection impossible. Que l'on proteste , la loi en main, contre les actes illégaux ; c'est le moyen le plus sûr de réussir ; les protestations seront autant que possible rédigées par écrit, séance tenante , et signées par les électeurs présens.

§ V. De la Nomination du bureau définitif.

Ouverture du collège. — Le 23 juin, à huit heures du matin , les opérations électorales commencent.

Il est de la plus haute importance que le plus grand nombre possible des électeurs constitutionnels se trouvent réunis dans la salle au moment même où l'on en fait l'ouverture.

Importance du bureau. — Les fonctions du bureau sont si importantes, que de sa composition dépend souvent l'issue d'une élection. En effet, c'est lui qui statue provisoirement sur toutes les difficultés qui s'élèvent dans le collège ou dans une section ; ce sont les scrutateurs qui doivent dépouiller les bulletins ; c'est le secrétaire qui rédige le procès-verbal ; c'est le bureau qui décide si tel nom porté sur un bulletin s'applique à tel ou tel candidat.

Si plusieurs électeurs, n'appréciant pas l'étendue des fonctions du bureau et l'influence qu'il peut exercer , ne voulaient pas se rendre au collège le premier jour, dans la crainte d'une perte de temps, il faudrait leur prouver qu'ils feraient une grande faute, et qu'au lieu de gagner un jour ils pourraient bien en

____

(1) Ce qui ne saurait exclure les réclamations.

perdre deux. En effet, souvent une élection qui ne se termine qu'au troisième tour de scrutin, eût été décidée au premier, si le bureau, bien composé, eût validé certains votes qui assuraient la majorité absolue aux députés nommés en définitive ; votes que le bureau provisoire a annulés.

Aussi tous les électeurs constitutionnels ne devront pas manquer de se présenter le premier jour pour concourir à la formation du bureau définitif.

Secret du vote. — Lorsque le président a pris place au bureau et a désigné les cinq citoyens qu'il indique pour scrutateurs et secrétaire provisoires, le premier devoir des électeurs est de s'assurer que le secret des votes sera religieusement respecté.

Pour cela, il faut veiller à ce qu'un carton masque l'endroit où l'électeur écrit son vote, et examiner si les tables sur lesquelles les bulletins doivent être écrits ne sont pas tellement étroites que le bureau entier ou l'un de ses membres puisse, en suivant les mouvemens du bras, connaître les noms transcrits sur les bulletins.

S'il en était ainsi, les électeurs devraient réclamer énergiquement contre un procédé aussi illégal, et déclarer au président qu'ils ne commenceront leurs fonctions que lorsqu'on aura remédié à l'abus dont ils se plaignent.

Le secret du vote, en effet, n'est pas seulement facultatif, il est impérieusement commandé par l'art. 6 de la loi du 29 juin 1820 qui exige encore que le bulletin soit remis FERMÉ au président (1).

L'article 12 de l'ordonnance du 11 octobre de la même année, renouvelle cette prescription. Un président qui se croirait autorisé à recevoir un bulletin *ouvert*, violerait donc la loi. Les électeurs pourraient, ainsi qu'un député (M. de Beaumont) le proclamait dans la discussion de la loi du 2 juillet 1828, *protester et demander l'insertion de leur réclamation au procès-verbal*; cette circonstance est d'autant plus essentielle, que, dans les séances de la chambre des députés des 10 et 16 janvier 1828, MM. Charles Dupin et Duvergier de Hauranne, parlant comme rapporteurs, ont

______

(1) « Pour procéder à l'élection d'un député, chaque électeur écrit *secrètement* son vote sur le bureau, ou l'y fait écrire par un autre électeur de son choix, sur un bulletin qu'il reçoit à cet effet du président ; il remet son bulletin écrit et *fermé* au président qui le dépose dans l'urne destinée à cet usage. »

déclaré que *la violation du secret des votes pourrait faire prononcer la nullité de l'élection.*

Appel nominal. — Lorsqu'il est procédé à l'appel nominal, chaque électeur se présente au fur et à mesure que son tour arrive, et prononce avant de voter le serment suivant, conformément à l'article 11 de l'ordonnance du 11 octobre 1820 :

Serment. — « Je jure fidélité au roi, obéissance à la Charte « constitutionnelle et aux lois du royaume. »

M. Favard de Langlade pense que des anabaptistes ou des quakers, à qui leur religion ne permet pas le serment, pourraient s'en faire dispenser et être admis, selon l'usage des tribunaux, à faire l'affirmation qui, dans leur croyance, équivaut au serment (1).

Vote. — Après l'accomplissement de cette formalité, l'électeur appelé écrit *secrètement* son vote sur le bureau, ou le fait écrire par un autre électeur *de son choix* sur un bulletin qu'il reçoit à cet effet du président. Il remet son bulletin écrit et *fermé* au président, qui le dépose dans l'urne destiné à cet usage.

On a vu plus haut ce qui a été dit de la nécessité absolue du secret des votes. Si donc le président remettait aux électeurs, pour bulletins, des papiers numérotés ou paraphés, on ne devrait pas les accepter.

L'électeur appelé à donner son vote doit le faire dans la forme qui vient d'être indiquée. Il est bon qu'il désigne chacun des citoyens dont il désire composer le bureau définitif, de manière à ce qu'aucune équivoque ne puisse être élevée à l'égard de l'un de ces citoyens. En conséquence, si dans le collège il y en avait deux du même nom, il faudrait donner à celui qui serait l'objet du vote son prénom ou ajouter la désignation de son état.

Il sera utile de distribuer des bulletins imprimés à tous les électeurs constitutionnels, pour leur faire connaître les candidats portés au bureau, et de placer dans un endroit apparent de la salle un écriteau portant d'une manière exacte et en gros caractères les noms de ces candidats.

(1) *Législation électorale,* p. 277.

Le même mode devra être adopté pour faire connaître à tous les électeurs le candidat porté à la députation.

Les électeurs infirmes ou peu lettrés qui ne pourront pas écrire eux-mêmes leur bulletin, ou qui ne pourraient pas le faire d'une manière très-lisible, devront s'adresser soit à un membre du bureau, si le bureau a été renouvelé, soit à un électeur de l'opinion et de la loyauté duquel ils seront sûrs. (Art. 6 de la loi du 29 juin 1820.)

Faux électeurs.—S'il se présentait, pour voter, des individus reconnus pour faux électeurs, il faudrait commencer par leur lire l'article 258 du code pénal, ainsi conçu : « Quiconque, *sans titre*, se sera immiscé dans des fonctions publiques, civiles ou militaires, ou aura fait les actes d'une de ces fonctions, *sera puni d'un emprisonnement de deux à cinq ans*, sans préjudice de la peine de faux, si l'acte porte le caractère de ce crime. » Il faudrait en outre exercer des réclamations auprès du président et du bureau. Que, si le faux électeur persistait, alors l'art. 30 du code d'instruction criminelle impose à chaque citoyen le droit de dénoncer ce délit au procureur du roi.

Remplacement du bureau provisoire.—Quelquefois les présidens, lorsqu'ils désespèrent d'obtenir des nominations favorables à l'administration, se résignent à composer le bureau provisoire d'électeurs appartenans à l'opinion constitutionnelle. Malgré cette garantie de la sincérité de l'élection, il est presque toujours indispensable de renverser le bureau provisoire et de le remplacer par des citoyens nommés par la libre détermination de leurs co-électeurs. Cette formalité préliminaire est nécessaire pour s'assurer de la force respective des partis.

Fonctions des scrutateurs. — On a appris avec étonnement que dans certains collèges les scrutateurs ont été réduits à un rôle purement passif. Les présidens se sont mis en possession du droit d'ouvrir seuls et de lire les bulletins, tandis que les quatre scrutateurs et le secrétaire se sont contentés de constater le nombre des voix successivement annoncées par le président, en faveur de chaque candidat.

Ce n'est pas à cela que se se borne la mission qui leur est confiée.

La loi du 5 février 1817 dit, dans ses art. 11 et 12, « que le président a la police ; qu'il y a toujours trois membres au moins présens au bureau ; que ce bureau juge provisoirement toutes les difficultés, sauf la décision définitive de la Chambre des députés ; que le secrétaire, ou l'un des scrutateurs, inscrit le nom de chaque électeur à mesure du dépôt de son vote ; que le dépouillement du scrutin est fait séance tenante ; qu'il est arrêté et signé par le bureau ; qu'il est sur-le-champ rendu public. »

La loi du 29 juin 1820 dit à son tour, art. 6, « que le président remet sucessivement à chaque scrutateur le bulletin (ou papier) sur lequel chaque vote est écrit *secrètement* sur le bureau ; qu'ensuite le président dépose dans l'urne chaque bulletin à lui rendu, ainsi écrit et *fermé.* »

Enfin l'ordonnance du 11 octobre 1820 ajoute, art. 14 et 17, « qu'après le scrutin déclaré clos par le président, à l'heure fixée, il compte les bulletins, et *ordonne le dépouillment ;* que le procès-verbal constate le nombre des électeurs votans, celui des bulletins, et les décisions du bureau ; que le *bureau raie de tout bulletin* les noms indûment inscrits, mal désignés, ou pris hors des limites tracées. »

On doit induire de ces textes que le président n'a pas le droit de procéder à ce dépouillement. En effet, on y voit bien *qu'il compte les bulletins*, mais on y voit également *qu'il ordonne le dépouillement ;* or ce n'est pas sans doute à lui-même qu'il peut donner des ordres.

Le titre de *scrutateur* indique suffisamment que ceux qui en sont revêtus doivent dépouiller le scrutin, et non pas seulement assister passivement à ce dépouillement ; la législation n'est pas muette d'ailleurs sur la mission essentielle des scrutateurs. Dans le premier décret sur les élections publiques (14 décembre 1789), l'article 11 exprime positivement *que les scrutateurs sont chargés d'ouvrir les scrutins, de les dépouiller, de compter les voix.*

La même chose est répétée dans le décret du 22 du même mois, art. 15 et 16, et dans celui du 21 mai 1790, art. 6, titre V, formant règlement. Aucune disposition légale nouvelle n'ayant abrogé ces lois, il est positif qu'elles sont encore en vigueur.

Ainsi, ce sont les scrutateurs qui doivent ouvrir et lire hautement les bulletins ; mais ils en doivent communication au président comme au secrétaire, puisque c'est le bureau tout entier qui fait sur chaque bulletin les radiations prévues, et juge provisoirement les difficultés.

Le bureau doit rayer de tous bulletins : 1° les derniers noms inscrits au-delà de celui ou de ceux qu'il doit contenir ; 2° les noms qui ne désigneront pas clairement l'individu auquel il s'applique ; 3° au troisième tour de scrutin, les noms qui ne feraient pas partie de la liste double des personnes qui auront obtenu le plus de suffrages au second tour.

Surveillance du dépouillement des scrutins. — Il existe un moyen de contrôler les opérations du bureau provisoire. C'est que chaque électeur inscrive dans un ordre quelconque, parmi les noms à placer sur son bulletin, son propre nom. On perd ainsi, à la vérité un scrutateur, mais on est à même de redresser promptement toute erreur de lecture qui viendrait à se manifester lors du dépouillement du scrutin. Il en est sans doute encore plusieurs autres, que le patriotisme et les lumières des électeurs sauront leur suggérer.

Les électeurs ont le droit de se placer derrière le bureau pour surveiller ses opérations. La loi, en effet, ne les oblige pas à avoir une confiance absolue dans le président du collège, puisqu'elle-même ne s'en remet pas à lui du dépouillement du scrutin. Le président, en désignant des scrutateurs provisoires, c'est-à-dire en se choisissant ses propres contrôleurs, ne saurait donner par là les garanties qu'on doit désirer. Quant aux scrutateurs provisoires, le droit que la loi donne de les remplacer prouve assez qu'elle permet qu'on s'en défie.

La loi, qui autorise envers eux cette sorte de suspicion, reconnaît, par cela même, aux électeurs le droit de surveiller leurs opérations, et par conséquent de se placer de manière à pouvoir exercer cette surveillance. Les présidens qui s'y refuseraient pourraient, par là même, la faire regarder comme d'autant plus nécessaire. Les circonstances font plus que jamais un devoir aux électeurs de ne pas déserter leur droit à cet égard.

C'est, du reste, ce qui se pratique constamment à la Chambre des députés dans les scrutins de nomination. Les scrutateurs procèdent à l'opération au milieu même de l'assemblée, et environnés des membres de la Chambre.

Altération des votes. — S'il arrivait que le bureau fût composé d'hommes capables de lire, dans les bulletins, des noms autres que ceux que les votans y auraient inscrits , supposition faite par le législateur lui-même , il faudrait après avoir pris tous les moyens possibles de s'en assurer , se conformer aux dispositions prescrites par le Code d'instruction criminelle pour les cas de flagrant délit.

D'après ces dispositions, tout officier de police judiciaire et même tout citoyen a qualité pour constater le fait; voici le texte de l'article 111 du Code pénal, concernant ce crime :

« Tout citoyen qui , étant chargé dans un scrutin du dépouillement des billets contenant les suffrages des citoyens , sera surpris falsifiant ces billets ou en soustrayant de la masse, ou y en ajoutant, ou inscrivant sur les billets des votans non lettrés , des noms autres que ceux qui lui auraient été déclarés, sera puni de LA PEINE DU CARCAN. »

Durée des séances et du scrutin. — A trois heures le président déclare que le scrutin est clos (ord. du 11 octobre 1820, art. 14). Il ne peut y avoir qu'une séance par jour, et elle est close après le dépouillement du scrutin (loi du 5 février 1817, art. 17.)

Il suit de là que le collège ne peut procéder qu'à un scrutin par jour. La Chambre a annulé, en juin 1822, les opérations du collège électoral des Hautes-Alpes, qui avait, dans une même séance, formé le bureau et nommé les députés.

Chaque scrutin ne peut rester ouvert moins de six heures ; il doit être dépouillé séance tenante. Les élections du collège du premier arrondissement de la Haute-Vienne ont été annulées en 1820, parce que le bureau avait remis au lendemain le dépouillement du scrutin pour la nomination du secrétaire.

§ VI. *De la Nomination du député.*

Lorsque le bureau définitif est constitué, on procède à la nomination du député.

Tout ce qui a été dit dans le précédent paragraphe sur le secret des votes, la nécessité de préciser les bulletins de manière à ce qu'aucun doute ne puisse être élevé sur l'identité de la personne qui y est portée, les faux électeurs, la durée et le dépouillement du scrutin, etc. , s'applique avec plus de raison encore à la nomination du député.

Lorsque le collège est divisé en plusieurs sections, le vice-président de chacune d'elles porte le résultat de sa section au bureau du collège, qui fait le recensement général des votes, en présence de tous les vice-présidens. (Loi du 5 février 1817, art. 13.) Le résultat de chaque tour de scrutin est sur-le-champ rendu public.

Si une ou plusieurs sections n'avaient pas terminé leurs opérations ou n'en avaient fait que d'irrégulières, le recensement des votes des autres sections n'en aurait pas moins lieu, et les candidats qui auraient obtenu le nombre de voix nécessaire seraient proclamés (ord. du 11 oct. 1820, art. 19).

Pour être élu député au premier et même au second tour de scrutin, il faut réunir la moitié plus un des suffrages exprimés, et le tiers plus un de la totalité des membres du collège. (Loi du 29 juin 1820, art. 7.)

Au cas où le nombre des suffrages est impair, le calcul doit se faire ainsi : sur 125 voix la moitié exigée serait de 63 et le tiers de 42.

Si le premier tour de scrutin n'amène aucun résultat, on procède dans la même forme à un second tour. Dans le cas où l'on n'obtiendrait pas encore de majorité, on a recours à un scrutin de ballottage, dans lequel les voix ne peuvent être données qu'aux candidats portés sur une liste formée par le bureau, et contenant en nombre double des députés à élire, les personnes qui, au second tour de scrutin, ont réuni le plus de suffrages (Loi du 5 févr. 1817, art. 15.) Les nominations, à ce troisième tour de scrutin, ont lieu à la pluralité des voix. (*id.*, *ibid.*)

Toutes les fois que deux candidats obtiennent le même nombre de suffrages, l'âge décide de la préférence. (*Id.* art. 16.)

Les difficultés relatives au scrutin d'une section, sont décidées d'abord par le bureau de la section, et ne doivent être portées au bureau du collège que si elles sont de nature à influer sur le résultat du recensement.

Le bureau du collège juge les difficultés qui concernent le recensement, et la formation de la liste de ballottage.

§ VII. *Du Procès-verbal.*

Rédaction. — Le procès-verbal est ouvert après la formation du bureau définitif. (Ord. du 11 octobre 1820, art. 7.) Il doit comprendre les opérations de la première séance.

La rédaction du procès-verbal est plus importante que l'on

pourrait le croire. Il doit faire connaître tous les incidens qui s'élèvent durant le cours des opérations, et c'est cet acte que la Chambre aura sous les yeux lorsqu'elle vérifiera les pouvoirs des députés élus et prononcera en dernier ressort sur la validité de l'élection.

Lecture. — Dans quelques collèges le bureau, se fondant sans doute sur ce qu'il n'était pas survenu d'incidens, a cru pouvoir se dispenser de donner lecture du procès-verbal aux électeurs rassemblés ; ce motif ne suffit pas pour justifier une telle prétention. En effet, la lecture publique du procès-verbal a pour but de s'assurer s'il contient ou non la vérité, s'il ne renferme pas d'omissions ou d'irrégularités, s'il ne s'y est pas introduit de nullités. Rien dans la loi n'autorise l'omission de cette formalité. On ne pourrait pas prétendre que toute discussion, toute délibération étant interdite aux collèges électoraux (loi du 5 février 1817, art. 8), et que la lecture du procès-verbal pouvant amener des discussions et des délibérations, cette lecture se trouve par-là même prohibée par la loi. En effet, ce ne serait ni discuter ni délibérer que de signaler un fait ou une omission, et la simple lecture du procès-verbal, dût-elle n'être suivie d'aucune observation, ne peut, en aucun cas, être refusée.

On ne pourrait pas non plus tirer argument contre cette lecture de ce que le temps manquerait peut-être pour le faire après la proclamation des députés ; car il ne faut pas oublier que la session de chaque collège peut durer dix jours et qu'il n'y aurait aucun inconvénient d'indiquer une séance spéciale pour le lendemain de la nomination, à l'effet de procéder à l'adoption du procès-verbal.

Réclamations. — Enfin, il est une observation générale qui doit être faite aux électeurs : s'ils ne peuvent obtenir que les réclamations qu'ils jugeront à propos d'élever contre une décision du bureau, soient insérées au procès-verbal, ils feront bien de rédiger ces réclamations par écrit, de les signer en plus grand nombre possible, d'en effectuer le dépôt chez un notaire, et d'en adresser une expédition à la Chambre des députés, avant qu'elle ne s'occupe de la vérification des pouvoirs des députés de leur département ; si le dépôt n'avait pas lieu chez un notaire, on enverrait à la chambre la minute même des réclamations.

§ VIII. *De la Clôture des opérations électorales.*

Immédiatement après que le président a prononcé la séparation du collège (Ord. du 11 octobre 1820 , art. 20), les électeurs doivent se séparer, après avoir exigé toutefois que les bulletins soient, en leur présence, déchirés ou brûlés, car ce serait violer la disposition de la loi relative au secret des votes que de laisser à qui que ce soit la possibilité de rechercher par un examen ultérieur la main qui les a tracés.

FIN.

TABLE.

Cette brochure se distribue gratis.

Nous autorisons, nous engageons même à faire réimprimer les personnes qui jugeraient utile de la répandre à grand nombre.

PARIS. — IMPRIMERIE DE H. FOURNIER,
RUE DE SEINE, N. 14.